tu cuerpo del 1 al 10

ediciones
ia mi qué
LIBROS CIENTÍFICAMENTE DIVERTIDOS

carla baredes e ileana lotersztain

fotografías de pablo grancharoff

¿Qué es ediciones iamiqué?

ediciones iamiqué es una pequeña empresa argentina manejada por una física y una bióloga empecinadas en demostrar que la ciencia no muerde y que puede ser disfrutada por todo el mundo. Fue fundada en 2000 en un desván de la Ciudad de Buenos Aires, junto a la caja de herramientas y al ropero de la abuela.

ediciones iamiqué no tiene gerentes ni telefonistas, no cuenta con departamento de marketing ni cotiza en bolsa. Sin embargo, tiene algo que debería valer mucho más que todo eso: unas ganas locas de hacer los libros de información más lindos, más divertidos y más creativos del mundo.

Idea y texto: Carla Baredes e Ileana Lotersztain
Corrección: Patricio Fontana y Laura A. Lass de Lamont
Fotografías: Pablo Grancharoff (excepto las de la página 9)
Diseño y diagramación: Lisa Brande y Javier Basile

© ediciones iamiqué
info@iamique.com.ar
www.iamique.com.ar

Primera edición: marzo de 2006
I.S.B.N.-10: 987-1217-13-7
I.S.B.N.-13: 978-987-1217-13-7
Queda hecho el depósito que establece la ley 11.723
Impreso en Argentina. Printed in Argentina

Baredes, Carla
    Tu cuerpo del 1 al 10 / Carla Baredes e Ileana Lotersztain.- 1ª. ed.- Buenos Aires : Iamiqué, 2006.
    24 p. ; 21x21 cm.- (Ciencia para contar)

    ISBN 987–1217–13–7

    1. Ciencias Naturales-Niños I. Lotersztain, Ileana II. Título
CDD. 570.54

Los números están en todas partes: en los días que faltan para que empiecen las vacaciones, en la distancia que te separa de la casa de tu mejor amiga, en las monedas que tienes que juntar para comprar un chocolate, en las velas que vas a soplar en tu próximo cumpleaños, en los bocados que faltan para que termines tu cena... **Y también están en tu cuerpo.**

¿Quieres conocerlos?

1 corazón que late y late

Tutún... tutún... tutún... tutún... tutún... tutún... tutún... tutún... tutún... tutún... tutún... ¿Alguna vez escuchaste el sonido de tu corazón? Trabaja y trabaja, de día y de noche, con frío o calor... Es el motor que se encarga de que la sangre recorra todo tu cuerpo, desde la cabeza hasta la punta de los pies.

El corazón no trabaja siempre igual: tutún-tutún-tutún-tutún cuando saltas mucho, y tutún... ... ... tutún... ... ... tutún... ... ... tutún... ... ... cuando duermes. ¿Y sabes algo? El corazón no es como los corazones que todos dibujan por ahí: tiene la forma y el tamaño de un puño y, en cada latido, pasa del rojo apasionado al rosa pálido.

2

pulmones
para respirar

Cada vez que inhalas, el aire entra por tu nariz y viaja hacia tus pulmones, que se inflan como dos globos. Cuando exhalas, los pulmones se desinflan y están listos para volver a empezar. Adentro... afuera... inspiro... exhalo... inspiro... exhalo... inspiro... exhalo...

El aire que respiras tiene oxígeno, que es algo supernecesario para vivir. Cuando el aire entra en tus pulmones, el oxígeno pasa a la sangre. Y la sangre, gracias al corazón, llega hasta el último rincón de tu cuerpo.

¡1 corazón y 2 pulmones forman un gran equipo!

3 capas tiene la piel

De afuera hacia adentro: epidermis, dermis y subcutánea.

La piel es fundamental para tu cuerpo: protege todo lo que hay dentro de él, mantiene todo en su lugar, impide la entrada de algunos bichitos que podrían enfermarte, te mantiene caliente cuando hace frío y fresco cuando hace calor.

La piel es muy gruesa en la planta de los pies y muy delgada en los párpados. Y viene en una enorme variedad de tonos: casi blanca, rosada, **colorada, amarillita, café** y **prácticamente negra**. ¿De qué color es la tuya?

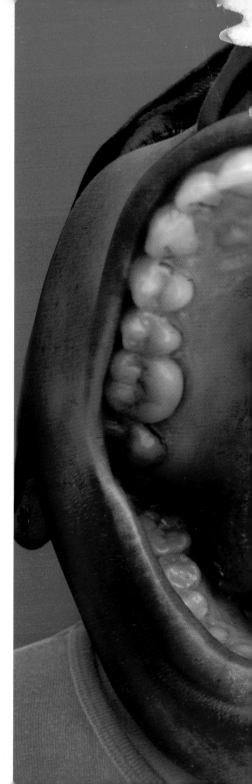

4

grupos de dientes

incisivos, caninos, premolares y molares.

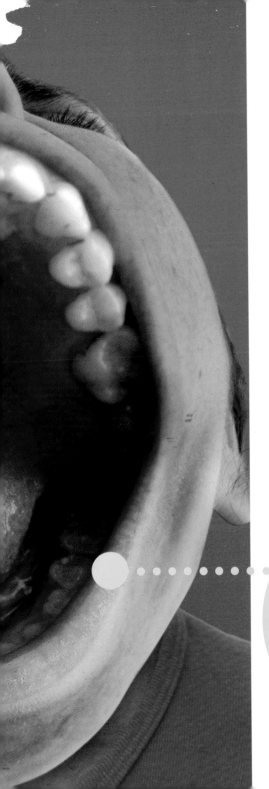

Pídele a un adulto que abra la boca... ¡Cuántos dientes! Si miras con atención, vas a notar que los dientes tienen distintas formas. En el centro están los incisivos, **4 arriba y 4 abajo**, rectos y filosos, preparados para cortar y morder. A los costados están los caninos, **1 y 1, 1 y 1**, puntiagudos y picudos, especiales para desgarrar y arrancar.

Más atrás, los premolares, **2 y 2, 2 y 2**, con dos puntas cada uno, ideales para triturar. Y al final de todo están los molares, **3 y 3, 3 y 3**, aplanados y grandes, especialistas en moler y aplastar.
Mmmmmmmmmmmmmm...
¡Qué delicioso está el pollo!

5 sentidos que te ayudan a entender y conocer lo que pasa alrededor

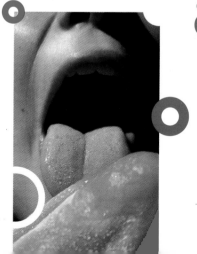

El **tacto**, para saber si algo está caliente o frío, si es duro o blando, si pincha, si corta, si es suave o si raspa... Especialista: la piel, principalmente la de la punta de tus dedos.

El **olfato**, para saber si están cocinando un rico pastel, si florecieron los jazmines, si algo está podrido, si esos bombones son de menta... Especialista: la nariz.

El **gusto**, para saber si algo es salado, dulce, amargo o ácido. Especialista: la lengua.

El **oído**, para escuchar una melodía, la bocina de un auto, los gritos de tu hermano, el canto de los pájaros. Especialistas: las orejas.

La **vista**, para ver un tren que se acerca, mirar una película, detectar una piedra en el camino, leer este libro. Especialistas: los ojos.

6 músculos mueven cada ojo

recto externo, recto interno, recto superior,

recto inferior, oblicuo mayor y oblicuo menor.

Tócate suavemente el párpado. ¿Puedes imaginar qué forma tienen tus ojos? Aunque te cueste creerlo, tus ojos son como dos pelotitas de ping-pong metidas en tu cabeza. Cada una está sostenida por **6 músculos pequeños** que le permiten moverse hacia un lado y hacia el otro, hacia arriba y hacia abajo, girar hacia la nariz y hacia fuera. Los músculos de los dos ojos trabajan en equipo para que, además de ver bien las cosas, puedas seguir con la mirada a un perro que pasa corriendo, puedas ver la ventana quieta aunque estés saltando, y para que puedas mirar el televisor, los números del control remoto y las galletas... casi todo al mismo tiempo.

7

lugares por donde pasa la comida

boca, faringe, esófago, estómago,

intestino delgado, intestino grueso, recto

Cuando comes una porción de pizza, cada bocado emprende un camino larguísimo con varias estaciones intermedias. Durante el recorrido, el bocado se va deshaciendo y deshaciendo, mientras **tu cuerpo absorbe todo lo que puede aprovechar**. Lo que queda sigue viaje hasta llegar al final del recorrido y se convierte en caca. Las cosas que tu cuerpo aprovecha de la comida te sirven para respirar, crecer, correr, pensar, dibujar, dormir... Por eso es muy importante que comas fruta, verdura, carne, pescado, huevo, yogur y cereales, que tienen muchas de las cosas que tu cuerpo necesita.

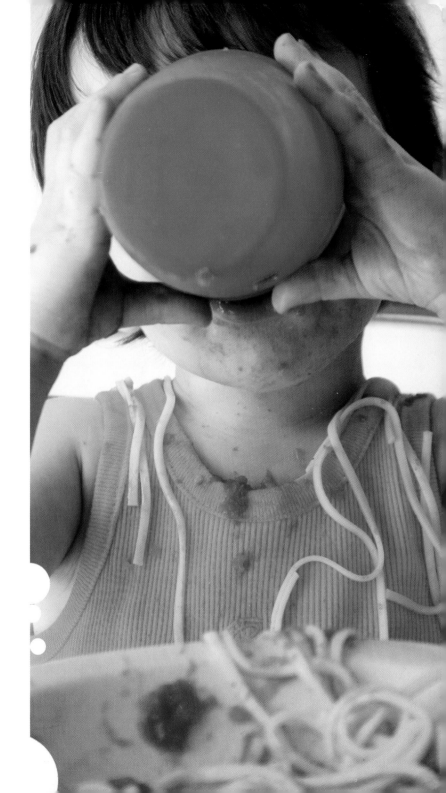

8 huesos hay en la muñeca

Primera fila: escafoides, semilunar, piramidal y pisiforme.

Segunda fila: trapecio, trapezoide, grande y ganchoso.

Tu cuerpo está sostenido por muchos huesos, que se van uniendo unos con otros. Algunos son largos; otros, cortitos; algunos son gruesos; otros, delgados; algunos son grandes; y otros, pequeños. La muñeca, que es el lugar donde se une la mano con el brazo, está formada por **8 huesos pequeños acomodados en 2 filas de 4.** Este grupo de huesos permite que tu mano sea muy, muy inquieta: gira para acá, gira para allá, se agacha, se estira, saluda para aquí, saluda para allá...

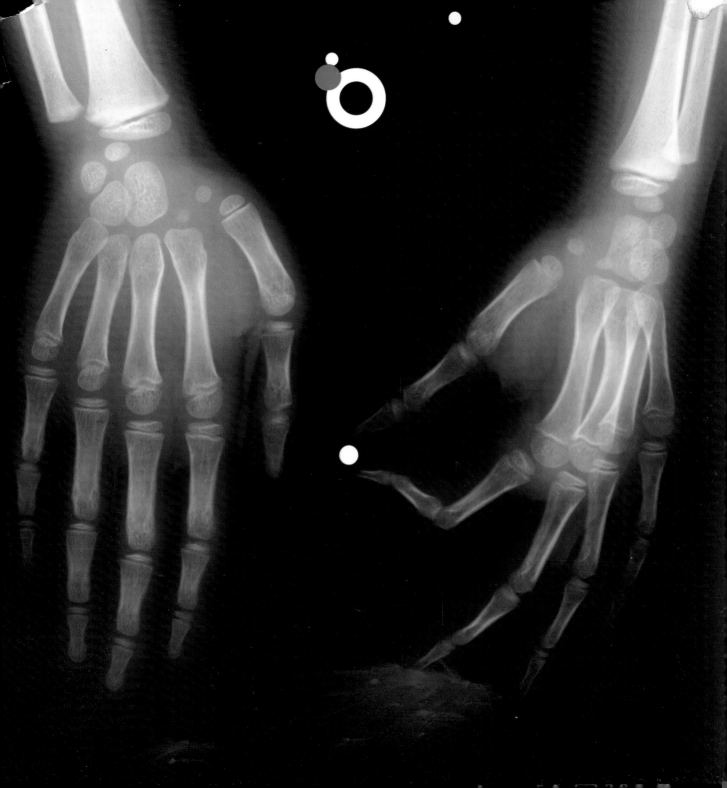

9 partes tiene el cerebro

corteza, cerebelo, tallo, hipotálamo, tálamo, áreas límbicas, hipocampo, ganglios basales y mesencéfalo.

¿Cómo late tu corazón? ¿Por qué respiras aunque estés dormido? ¿Por qué sueltas algo cuando está caliente? ¿Cómo recuerdas dónde guardaste tu libro? ¿Cómo sueñas? ¿Cómo aprendes los números? ¿Por qué, de pronto, te dan ganas de llorar? ¿Cómo te das cuenta de que te pica la cabeza? ¿Cómo haces para que tu mano te la rasque?

Tu cerebro es el que se ocupa de hacer todo esto y muchas cosas más. Mientras flota dentro de tu cabeza, **el cerebro dirige, controla y organiza** todo lo que hace tu cuerpo y todo lo que pasa en tu interior.

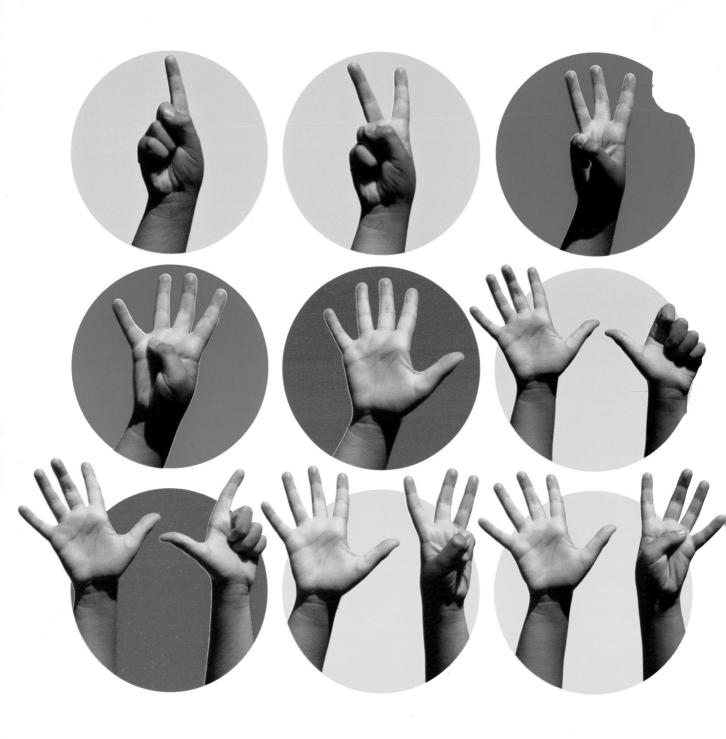

10

dedos hay en tus manos

Tienes 5 dedos en cada mano: el **pulgar**, el **índice**, el **mayor**, el **anular** y el **meñique**. El pulgar tiene algo que hace que tus manos –y las de todas las personas– sean únicas: se puede poner enfrente de los otros dedos. Gracias a este superpulgar y a que todos tus dedos son muy ágiles y movedizos, puedes escribir, atornillar, cortar, asir, atar, señalar, rascarte la oreja, tocar el piano, arrancar una flor, sacarte los mocos...

Algo más: con los dedos de tus manos, puedes contar hasta 10.

Por su tranquilidad frente a nuestra ansiedad, por la pasión y la creatividad que puso en cada foto...
y por todo lo que lo queremos, le damos las muchas gracias a **Pablo Grancharoff**.

Por haber posado pacientemente, sin distraerse, sin pestañear y sin protestar...
y por todo lo que los queremos, dedicamos este libro (por orden de aparición) a:
Anita, Joaquín, Juli, Pancho y Agustín.

Quieres formar parte de los seguidores de ediciones iamiqué?

Esa no es mi cola

Esas no son mis patas

Esas no son mis orejas

¿Por qué se rayó la cebra?
y otras armas curiosas
que tienen los animales
para no ser devorados

¿Por qué es trompudo el elefante?
y otras curiosidades de los
animales a la hora de comer

¿Por qué es tan guapo el pavo real?
y otras estrategias de los
animales para dejar
descendientes

Este libro se imprimió y encuadernó en marzo de 2006 en Grancharoff Impresores,
Tapalqué 5868, Ciudad de Buenos Aires. impresores@grancharoff.com